Renate Sültz & Uwe H. Sültz

Mein Reha- und Kurtagebuch

BoD - Books on Demand

Norderstedt 2018

Bibliografische Information durch die Deutsche Nationalbibliothek

Die Deutsche Nationalbibliothek verzeichnet diese Publikation in der Deutschen Nationalbibliografie; detaillierte bibliografische Daten sind im Internet über http://dnb.dnb.de abrufbar.

© 2018 Renate Sültz & Uwe H. Sültz

Herstellung und Verlag: BoD – Books on Demand, Norderstedt

ISBN 9-78375-2-83239-6

Mein Name

Meine Daten

Meine Beschwerden

Heutige Behandlungen, Therapien und/oder Untersuchungen

keine- leichte- mäßige- starke- sehr starke- stärkste- Schmerzen

0
1
2
3
4
5
6
7
8
9
10

⚡

Mein Gefühl und meine Stimmung

Meine Schmerzen

Meine Gedanken und meine Erkenntnisse

0
1
2
3
4
5
6
7
8
9
10

0
1
2
3
4
5
6
7
8
9
10

Mein subjektiver Gesundheitszustand

Mein Tag...

Datum:

M
Di
M
Do
Fr
Sa
So

Wetter:

Heutige Behandlungen, Therapien und/oder Untersuchungen

0 1 2 3 4 5 6 7 8 9 10

keine- leichte- mäßige- starke- sehr starke- stärkste- Schmerzen

Mein Gefühl und meine Stimmung

Meine Schmerzen

0 1 2 3 4 5 6 7 8 9 10

Meine Gedanken und meine Erkenntnisse

0 1 2 3 4 5 6 7 8 9 10

Mein subjektiver Gesundheitszustand

Mein Tag...

Datum:

M
Di
M
Do
Fr
Sa
So

Wetter:

Heutige Behandlungen, Therapien und/oder Untersuchungen

_____
_____
_____
_____
_____
_____
_____
_____
_____
_____
_____
_____
_____
_____
_____

0
1
2
3
4
5
6
7
8
9
10

keine- leichte- mäßige- starke- sehr starke- stärkste- Schmerzen

Mein Gefühl und meine Stimmung

Meine Schmerzen

Meine Gedanken und meine Erkenntnisse

0
1
2
3
4
5
6
7
8
9
10

_____
_____
_____
_____
_____
_____
_____
_____

0
1
2
3
4
5
6
7
8
9
10

Mein subjektiver Gesundheitszustand

Mein Tag...

Datum:

M
Di
M
Do
Fr
Sa
So

Wetter:

Heutige Behandlungen, Therapien und/oder Untersuchungen

Meine Schmerzen

Mein Gefühl und meine Stimmung

Meine Gedanken und meine Erkenntnisse

Mein subjektiver Gesundheitszustand

Mein Tag...

Datum:

M
Di
M
Do
Fr
Sa
So

Wetter:

Heutige Behandlungen, Therapien und/oder Untersuchungen

_____
_____
_____
_____
_____
_____
_____
_____
_____
_____
_____
_____
_____
_____
_____

0 1 2 3 4 5 6 7 8 9 10

keine- leichte- mäßige- starke- sehr starke- stärkste- Schmerzen

Meine Schmerzen

Mein Gefühl und meine Stimmung

0
1
2
3
4
5
6
7
8
9
10

Meine Gedanken und meine Erkenntnisse

_____
_____
_____
_____
_____
_____
_____
_____

0
1
2
3
4
5
6
7
8
9
10

Mein subjektiver Gesundheitszustand

Mein Tag...

Datum:

M
Di
M
Do
Fr
Sa
So

Wetter:

Heutige Behandlungen, Therapien und/oder Untersuchungen

0
1
2
3
4
5
6
7
8
9
10

keine- leichte- mäßige- starke- sehr starke- stärkste- Schmerzen

Meine Schmerzen

Mein Gefühl und meine Stimmung

0
1
2
3
4
5
6
7
8
9
10

Meine Gedanken und meine Erkenntnisse

0
1
2
3
4
5
6
7
8
9
10

Mein subjektiver Gesundheitszustand

Mein Tag...

Datum:

M
Di
M
Do
Fr
Sa
So

Wetter:

Heutige Behandlungen, Therapien und/oder Untersuchungen

0
1
2
3
4
5
6
7
8
9
10

keine- leichte- mäßige- starke- sehr starke- stärkste- Schmerzen

Mein Gefühl und meine Stimmung

Meine Schmerzen

0
1
2
3
4
5
6
7
8
9
10

Meine Gedanken und meine Erkenntnisse

0
1
2
3
4
5
6
7
8
9
10

Mein subjektiver Gesundheitszustand

Mein Tag...

Datum:

M
Di
M
Do
Fr
Sa
So

Wetter:

Heutige Behandlungen, Therapien und/oder Untersuchungen

0 1 2 3 4 5 6 7 8 9 10

keine- leichte- mäßige- starke- sehr starke- stärkste- Schmerzen

Mein Gefühl und meine Stimmung

Meine Schmerzen

0 1 2 3 4 5 6 7 8 9 10

Meine Gedanken und meine Erkenntnisse

0 1 2 3 4 5 6 7 8 9 10

Mein subjektiver Gesundheitszustand

Mein Tag...

Datum:

M
Di
M
Do
Fr
Sa
So

Wetter:

Heutige Behandlungen, Therapien und/oder Untersuchungen

Mein Gefühl und meine Stimmung

Meine Schmerzen

Meine Gedanken und meine Erkenntnisse

0
1
2
3
4
5
6
7
8
9
10

0
1
2
3
4
5
6
7
8
9
10

Mein subjektiver Gesundheitszustand

Mein Tag...

Datum:

M
Di
M
Do
Fr
Sa
So

Wetter:

Heutige Behandlungen, Therapien und/oder Untersuchungen

_____
_____
_____
_____
_____
_____
_____
_____
_____
_____
_____
_____

0 1 2 3 4 5 6 7 8 9 10

keine- leichte- mäßige- starke- sehr starke- stärkste- Schmerzen

Mein Gefühl und meine Stimmung

0 1 2 3 4 5 6 7 8 9 10

Meine Gedanken und meine Erkenntnisse

_____
_____
_____
_____
_____
_____
_____
_____

Meine Schmerzen

0 1 2 3 4 5 6 7 8 9 10

Mein subjektiver Gesundheitszustand

Mein Tag...

Datum:

M
Di
M
Do
Fr
Sa
So

Wetter:

Heutige Behandlungen, Therapien und/oder Untersuchungen

_____
_____
_____
_____
_____
_____
_____
_____
_____
_____
_____
_____
_____
_____
_____

0 1 2 3 4 5 6 7 8 9 10

keine- leichte- mäßige- starke- sehr starke- stärkste- Schmerzen

⚡

Mein Gefühl und meine Stimmung

Meine Schmerzen

0
1
2
3
4
5
6
7
8
9
10

Meine Gedanken und meine Erkenntnisse

_____
_____
_____
_____
_____
_____
_____
_____
_____

0
1
2
3
4
5
6
7
8
9
10

Mein subjektiver Gesundheitszustand

Mein Tag...

Datum:

M
Di
M
Do
Fr
Sa
So

Wetter:

Heutige Behandlungen, Therapien und/oder Untersuchungen

keine- leichte- mäßige- starke- sehr starke- stärkste- Schmerzen

0
1
2
3
4
5
6
7
8
9
10

Mein Gefühl und meine Stimmung

Meine Schmerzen

0
1
2
3
4
5
6
7
8
9
10

Meine Gedanken und meine Erkenntnisse

0
1
2
3
4
5
6
7
8
9
10

Mein subjektiver Gesundheitszustand

Mein Tag...

Datum:

M
Di
M
Do
Fr
Sa
So

Wetter:

Heutige Behandlungen, Therapien und/oder Untersuchungen

0
1
2
3
4
5
6
7
8
9
10

keine- leichte- mäßige- starke- sehr starke- stärkste- Schmerzen

Mein Gefühl und meine Stimmung

Meine Schmerzen

0
1
2
3
4
5
6
7
8
9
10

Meine Gedanken und meine Erkenntnisse

0
1
2
3
4
5
6
7
8
9
10

Mein subjektiver Gesundheitszustand

Mein Tag...

Datum:

M
Di
M
Do
Fr
Sa
So

Wetter:

Heutige Behandlungen, Therapien und/oder Untersuchungen

keine- leichte- mäßige- starke- sehr starke- stärkste- Schmerzen

0
1
2
3
4
5
6
7
8
9
10

Mein Gefühl und meine Stimmung

Meine Gedanken und meine Erkenntnisse

Meine Schmerzen

0
1
2
3
4
5
6
7
8
9
10

0
1
2
3
4
5
6
7
8
9
10

Mein subjektiver Gesundheitszustand

Mein Tag...

Datum:

M
Di
M
Do
Fr
Sa
So

Wetter:

Heutige Behandlungen, Therapien und/oder Untersuchungen

0
1
2
3
4
5
6
7
8
9
10

keine- leichte- mäßige- starke- sehr starke- stärkste- Schmerzen

⚡

Mein Gefühl und meine Stimmung

Meine Schmerzen

0
1
2
3
4
5
6
7
8
9
10

Meine Gedanken und meine Erkenntnisse

0
1
2
3
4
5
6
7
8
9
10

Mein subjektiver Gesundheitszustand

Mein Tag...

Datum:

M
Di
M
Do
Fr
Sa
So

Wetter:

Heutige Behandlungen, Therapien und/oder Untersuchungen

_____
_____
_____
_____
_____
_____
_____
_____
_____
_____
_____
_____
_____

0 1 2 3 4 5 6 7 8 9 10

keine- leichte- mäßige- starke- sehr starke- stärkste- Schmerzen

Mein Gefühl und meine Stimmung

Meine Schmerzen

0 1 2 3 4 5 6 7 8 9 10

Meine Gedanken und meine Erkenntnisse

_____
_____
_____
_____
_____
_____

0 1 2 3 4 5 6 7 8 9 10

Mein subjektiver Gesundheitszustand

Mein Tag...

Datum:

M
Di
M
Do
Fr
Sa
So

Wetter:

Heutige Behandlungen, Therapien und/oder Untersuchungen

0 1 2 3 4 5 6 7 8 9 10

keine- leichte- mäßige- starke- sehr starke- stärkste- Schmerzen

Mein Gefühl und meine Stimmung

Meine Schmerzen

Meine Gedanken und meine Erkenntnisse

0
1
2
3
4
5
6
7
8
9
10

0
1
2
3
4
5
6
7
8
9
10

Mein subjektiver Gesundheitszustand

Mein Tag...

Datum:

M
Di
M
Do
Fr
Sa
So

Wetter:

Heutige Behandlungen, Therapien und/oder Untersuchungen

keine- leichte- mäßige- starke- sehr starke- stärkste- Schmerzen

0
1
2
3
4
5
6
7
8
9
10

Mein Gefühl und meine Stimmung

0
1
2
3
4
5
6
7
8
9
10

Meine Gedanken und meine Erkenntnisse

Meine Schmerzen

0
1
2
3
4
5
6
7
8
9
10

Mein subjektiver Gesundheitszustand

Mein Tag...

Datum:

M
Di
M
Do
Fr
Sa
So

Wetter:

Heutige Behandlungen, Therapien und/oder Untersuchungen

_____
_____
_____
_____
_____
_____
_____
_____
_____
_____
_____
_____
_____
_____
_____
_____

0 keine-
1
2 leichte-
3 mäßige-
4
5 starke-
6 sehr starke-
7
8 stärkste-
9
10 Schmerzen

⚡

Mein Gefühl und meine Stimmung

Meine Schmerzen

Meine Gedanken und meine Erkenntnisse

0
1
2
3
4
5
6
7
8
9
10

_____
_____
_____
_____
_____
_____
_____

0
1
2
3
4
5
6
7
8
9
10

Mein subjektiver Gesundheitszustand

Mein Tag...

Datum:

M
Di
M
Do
Fr
Sa
So

Wetter:

Heutige Behandlungen, Therapien und/oder Untersuchungen

_____
_____
_____
_____
_____
_____
_____
_____
_____
_____
_____
_____
_____
_____
_____

keine- leichte- mäßige- starke- sehr starke- stärkste- Schmerzen

0 1 2 3 4 5 6 7 8 9 10

Meine Schmerzen

Mein Gefühl und meine Stimmung

0 1 2 3 4 5 6 7 8 9 10

Meine Gedanken und meine Erkenntnisse

_____
_____
_____
_____
_____
_____
_____
_____

0 1 2 3 4 5 6 7 8 9 10

Mein subjektiver Gesundheitszustand

Mein Tag...

Datum:

M
Di
M
Do
Fr
Sa
So

Wetter:

Heutige Behandlungen, Therapien und/oder Untersuchungen

0
1
2
3
4
5
6
7
8
9
10

keine- leichte- mäßige- starke- sehr starke- stärkste- Schmerzen

Mein Gefühl und meine Stimmung

Meine Schmerzen

Meine Gedanken und meine Erkenntnisse

0
1
2
3
4
5
6
7
8
9
10

0
1
2
3
4
5
6
7
8
9
10

Mein subjektiver Gesundheitszustand

Mein Tag...

Datum:

M
Di
M
Do
Fr
Sa
So

Wetter:

Heutige Behandlungen, Therapien und/oder Untersuchungen

keine- leichte- mäßige- starke- sehr starke- stärkste- Schmerzen

0
1
2
3
4
5
6
7
8
9
10

Mein Gefühl und meine Stimmung

Meine Schmerzen

Meine Gedanken und meine Erkenntnisse

0
1
2
3
4
5
6
7
8
9
10

0
1
2
3
4
5
6
7
8
9
10

Mein subjektiver Gesundheitszustand

Mein Tag...

Datum:

M
Di
M
Do
Fr
Sa
So

Wetter:

Heutige Behandlungen, Therapien und/oder Untersuchungen

Mein Gefühl und meine Stimmung

Meine Schmerzen

Meine Gedanken und meine Erkenntnisse

Mein subjektiver Gesundheitszustand

Mein Tag...

Datum:

M
Di
M
Do
Fr
Sa
So

Wetter:

Heutige Behandlungen, Therapien und/oder Untersuchungen

keine- leichte- mäßige- starke- sehr starke- stärkste- Schmerzen

0
1
2
3
4
5
6
7
8
9
10

⚡

Meine Schmerzen

Mein Gefühl und meine Stimmung

0
1
2
3
4
5
6
7
8
9
10

Meine Gedanken und meine Erkenntnisse

0
1
2
3
4
5
6
7
8
9
10

Mein subjektiver Gesundheitszustand

Mein Tag...

Datum:

M
Di
M
Do
Fr
Sa
So

Wetter:

Heutige Behandlungen, Therapien und/oder Untersuchungen

0
1
2
3
4
5
6
7
8
9
10

Mein Gefühl und meine Stimmung

Meine Schmerzen

0
1
2
3
4
5
6
7
8
9
10

Meine Gedanken und meine Erkenntnisse

0
1
2
3
4
5
6
7
8
9
10

Mein subjektiver Gesundheitszustand

Mein Tag...

Datum:

M
Di
M
Do
Fr
Sa
So

Wetter:

Heutige Behandlungen, Therapien und/oder Untersuchungen

_____
_____
_____
_____
_____
_____
_____
_____
_____
_____
_____
_____
_____
_____

0 1 2 3 4 5 6 7 8 9 10

keine- leichte- mäßige- starke- sehr starke- stärkste- Schmerzen

Mein Gefühl und meine Stimmung

Meine Schmerzen

Meine Gedanken und meine Erkenntnisse

0
1
2
3
4
5
6
7
8
9
10

0
1
2
3
4
5
6
7
8
9
10

Mein subjektiver Gesundheitszustand

Mein Tag...

Datum:

M
Di
M
Do
Fr
Sa
So

Wetter:

Heutige Behandlungen, Therapien und/oder Untersuchungen

0
1
2
3
4
5
6
7
8
9
10

keine- leichte- mäßige- starke- sehr starke- stärkste- Schmerzen

Meine Schmerzen

Mein Gefühl und meine Stimmung

Meine Gedanken und meine Erkenntnisse

0
1
2
3
4
5
6
7
8
9
10

0
1
2
3
4
5
6
7
8
9
10

Mein subjektiver Gesundheitszustand

Mein Tag...

Datum:

M
Di
M
Do
Fr
Sa
So

Wetter:

Heutige Behandlungen, Therapien und/oder Untersuchungen

Mein Gefühl und meine Stimmung

Meine Schmerzen

0
1
2
3
4
5
6
7
8
9
10

Meine Gedanken und meine Erkenntnisse

0
1
2
3
4
5
6
7
8
9
10

Mein subjektiver Gesundheitszustand

Mein Tag...

Datum:

M
Di
M
Do
Fr
Sa
So

Wetter:

Heutige Behandlungen, Therapien und/oder Untersuchungen

_____
_____
_____
_____
_____
_____
_____
_____
_____
_____
_____
_____
_____
_____
_____

keine- leichte- mäßige- starke- sehr starke- stärkste- Schmerzen

0 1 2 3 4 5 6 7 8 9 10

Mein Gefühl und meine Stimmung

Meine Schmerzen

Meine Gedanken und meine Erkenntnisse

0 1 2 3 4 5 6 7 8 9 10

_____
_____
_____
_____
_____
_____
_____
_____

0 1 2 3 4 5 6 7 8 9 10

Mein subjektiver Gesundheitszustand

Mein Tag...

Datum:

M
Di
M
Do
Fr
Sa
So

Wetter:

Heutige Behandlungen, Therapien und/oder Untersuchungen

_____

keine- leichte- mäßige- starke- sehr starke- stärkste- Schmerzen

0 1 2 3 4 5 6 7 8 9 10

Mein Gefühl und meine Stimmung

0 1 2 3 4 5 6 7 8 9 10

Meine Gedanken und meine Erkenntnisse

_____

Meine Schmerzen

0 1 2 3 4 5 6 7 8 9 10

Mein subjektiver Gesundheitszustand

Mein Tag...

Datum:

M
Di
M
Do
Fr
Sa
So

Wetter: